TIME
FOR KIDS

¡Última vuelta!
Carreras de kartings

Christine Dugan, M.A.Ed.

Consultores

Dr. Timothy Rasinski
Kent State University

Lori Oczkus
Consultora de alfabetización

Dan Edmunds
Director de ingeniería
automotriz

Basado en textos extraídos de *TIME For Kids*. *TIME For Kids* y el logotipo de *TIME For Kids* son marcas registradas de TIME Inc. Utilizados bajo licencia.

Créditos de publicación

Dona Herweck Rice, *Jefa de redacción*
Lee Aucoin, *Directora creativa*
Jamey Acosta, *Editora principal*
Lexa Hoang, *Diseñadora*
Stephanie Reid, *Editora de fotografía*
Emily Engle, *Autora colaboradora*
Rachelle Cracchiolo, *M.S.Ed.,*
    Editora comercial

Créditos de imágenes: pág.48 Christine Dugan; págs.7 (arriba a la derecha), 14, 41 (abajo) Getty Images; págs.8, 11, 12–13 (ilustraciones), 19 (abajo), 24, 26 Timothy J. Bradley; págs.16–17, 34, 35 (izquierda) iStockphoto; págs.2–13 Jean-Philippe Pariente/SIPA/Newscom; pág.36–37 Ledoyen Benoit/Panoramic/Newscom; pág.37 (abajo) AFP/Getty Images/Newscom; pág.37 (arriba), 40–41 ZUMA Press/ Newscom; todas las demás imágenes de Shutterstock.

Teacher Created Materials

5301 Oceanus Drive
Huntington Beach, CA 92649-1030
http://www.tcmpub.com
ISBN 978-1-4333-7065-6

Tabla de contenido

La emoción del paseo 4

Construyendo una máquina 6

A toda velocidad 16

Pon en marcha tus motores 28

Se busca conductores 40

Glosario 42

Índice 44

Bibliografía 46

Más para explorar 47

Acerca de la autora 48

La emoción
del paseo

En 1955 Art Ingels construyó el primer kárting. Con frecuencia lo llaman el Padre del kárting. ¡Utilizó el motor de una cortadora de césped y chatarra para construir su primer kárting!

El conductor mira hacia abajo desde la cima de la colina. Abajo la carretera dobla abruptamente. El **motor** del auto retumba. La bandera cae y ¡comienza la carrera! El conductor emprende su marcha y el motor ruge. Los seguidores se enloquecen.

Andar en kárting es una emocionante manera de viajar, divertirse e, incluso, participar de una carrera con otros conductores. Un kárting es un pequeño vehículo con cuatro ruedas. Los kartings vienen en distintos tamaños y de diferentes materiales. Pueden ser simples kartings de empuje o máquinas de carrera con poderosos motores.

PARA PENSAR

¿Crees que estás listo para emprender el viaje? Esto es lo que necesitarás saber antes de empezar:

- cómo construir un kárting
- simples consejos de seguridad y reglas de una carrera
- la importancia de las matemáticas en este deporte de pura adrenalina

Construyendo una máquina

¿Kárting o arenero?

Los kartings son llamados de distintas maneras alrededor del mundo. Pueden llamarse *kartings, areneros* o *soapbox racers.* En Australia se los conoce como *billy carts.*

Para muchos los kartings son un pasatiempo. Para ellos construir un kárting es, en realidad, parte de la diversión. Trabajar con otra persona lo hace aún más divertido. La construcción de un kárting requiere de mucha cooperación.

Puntos básicos de la construcción

Es importante tener un plan antes de empezar a construir. Este plan puede ser algún tipo de **bosquejo**. Este muestra cómo se verá el kárting una vez terminado. La elaboración de un plan requiere de destrezas matemáticas. Hay medidas y cálculos. Se necesita hacer cuentas. Al usar las matemáticas los conductores pueden construir el kárting a su medida.

En una **fracción** de **pulgada**

Las personas que construyen kartings deben tomar medidas con precisión. Las partes, el tiempo y la distancia deben ser medidos cuidadosamente.

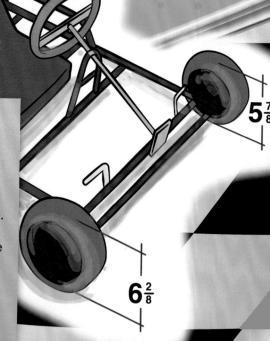

Partes

Si una parte del kárting está fuera de lugar solo en una fracción de pulgada, esta podría hacer que el mismo no funcione adecuadamente. Considera este ejemplo: una rueda delantera mide $6\frac{2}{8}$ pulgadas de diámetro. La otra rueda delantera mide $5\frac{7}{8}$ pulgadas de diámetro. ¿Cuál es la diferencia en el tamaño de las ruedas?

$5\frac{7}{8}$

$6\frac{2}{8}$

¡ALTO! PIENSA...

- Si un kárting tuviera ruedas delanteras de distintos tamaños, ¿cómo crees que esto afectaría al kárting?

- ¿Sería seguro conducir el kárting?

- ¿Disminuiría la diferencia de tamaño la velocidad del kárting?

Distancia

La longitud del circuito debe ser medida de manera precisa. La misma determina cuán ancho el circuito debería ser, cuántos conductores pueden correr por vez y qué tipo de carrera será.

Tiempo

Un cronómetro puede tomar el tiempo de varios corredores al mismo tiempo. El cronometrador anotará el tiempo de cada conductor en una fracción de segundo.

Tuercas y tornillos

Un plan para construir un kárting muestra todas las partes que se necesitan para ponerlo en marcha. Su **estructura** es la primera parte a tener en cuenta. Las otras pueden ser cambiadas más tarde pero la estructura no. Esta puede tener diferentes formas. Puede ser diseñada para hacer que el kárting ande más rápido.

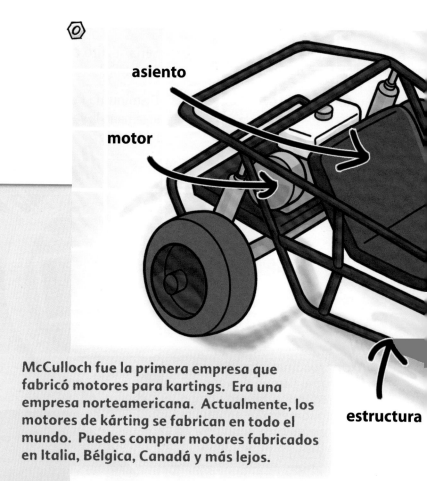

asiento

motor

estructura

McCulloch fue la primera empresa que fabricó motores para kartings. Era una empresa norteamericana. Actualmente, los motores de kárting se fabrican en todo el mundo. Puedes comprar motores fabricados en Italia, Bélgica, Canadá y más lejos.

El motor es otra parte importante del kárting. Hace que este se mueva. El poder del motor afecta la velocidad del kárting. Los frenos son importantes porque hacen que el kárting se detenga. Un plan para un kárting puede incluir las ruedas, los asientos y también el volante. Al seguir un buen plan el proceso de construcción será más sencillo.

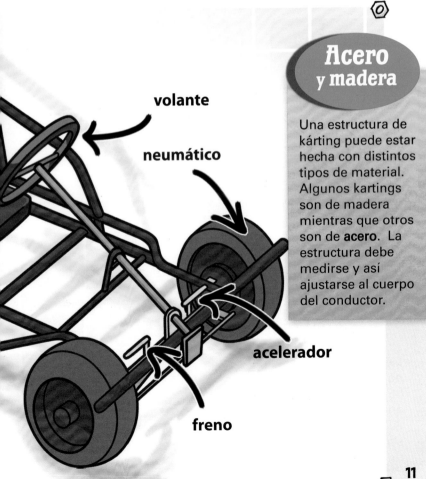

volante

neumático

Acero y madera

Una estructura de kárting puede estar hecha con distintos tipos de material. Algunos kartings son de madera mientras que otros son de **acero**. La estructura debe medirse y así ajustarse al cuerpo del conductor.

acelerador

freno

Ángulos increíbles

Ensamblar todas las partes utilizando herramientas requiere de muchas medidas. El bosquejo de abajo muestra dónde medir un ángulo. Un **ángulo** es un espacio entre dos líneas **en intersección**. Se mide en grados. El bosquejo muestra cómo instalar el volante en un ángulo de 45°.

Hay un ángulo de 45° entre el volante y el piso del kárting.

45°

Ángulos adicionales

Las ruedas delanteras del kárting deben estar en un ángulo de 85° para girar rápidamente. Los ángulos del asiento y el freno aumentarán la comodidad y seguridad del conductor.

Los kartings son de distintas formas y tamaños.
Para que todas las partes encajen debemos medir la
estructura del kárting. Mira este bosquejo diseñado
para un joven conductor. El perímetro es la distancia
total alrededor de una forma bidimensional. ¿Cuál es
el perímetro de esta figura?

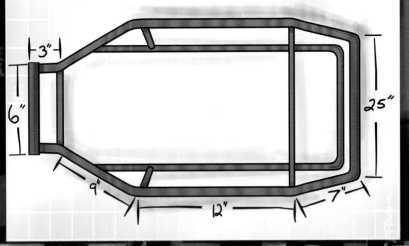

Potencia total

El constructor utiliza herramientas para juntar todas las partes. Los conductores de kárting jóvenes deben trabajar con un adulto cuando utilizan herramientas eléctricas. Estas pueden ser muy peligrosas. Podrías necesitar **gafas protectoras** y guantes.

Generalmente se utilizan sierras y taladros eléctricos. Una sierra corta la madera o el metal de la estructura. También puede cortar otras partes del kárting. Un taladro hace agujeros para los tornillos y une las partes. ¡Ningún conductor de kárting quiere que este se desarme en la mitad de un paseo!

Siempre recurre a la ayuda de un adulto cuando utilices herramientas eléctricas.

Poderoso potencial

El papel de lija pule las partes de madera del kárting. Un martillo y clavos conectan las partes de la estructura de madera. Estas herramientas no son eléctricas. ¡Son puestas en funcionamiento por ti!

Las gafas protegen a lo ojos de los restos que vuelan en el aire.

A toda velocidad

La parte más emocionante de andar en kárting es la velocidad del paseo. El motor y las ruedas hacen que el kárting avance. Algunos motores obtienen la energía de la electricidad. Otros la obtienen de la gasolina. Pero no todos los kartings poseen motores. Algunos deben ser empujados en la pendiente de una colina. Los conductores dejan que la **gravedad** los haga descender la colina.

¡Échale gasolina!

Un tanque de gasolina de un kárting puede contener 2 cuartos de gasolina. Un pequeño auto puede poseer un tanque para 12 galones. Hay 4 cuartos en un galón. ¿Cuántos cuartos hay en el tanque de un pequeño auto? ¿Cuántos cuartos más hay en el tanque de un pequeño auto que en el de un kárting?

Quemando goma

La mayoría de los kartings posee neumáticos grandes en la parte trasera y más pequeños en la delantera. Los neumáticos más pequeños facilitan el manejo del auto. Los neumáticos más grandes brindan una mejor **tracción**.

La necesidad de velocidad

El corazón de un conductor se acelera mientras el kárting toma velocidad alrededor del circuito. Los conductores se entrenan para mantener la calma. Necesitan estar seguros mientras conducen a máxima velocidad. Se construyen diferentes tipos de kartings para viajar seguro a distintas velocidades. La mayoría de los kartings que los jóvenes conductores construyen pueden viajar a 20 millas por hora aproximadamente. Los superkartings son kartings especiales diseñados para viajar a más de 100 millas por hora. Los superkartings son generalmente utilizados en grandes circuitos de carrera.

Seguridad antes que velocidad

Es importante que los conductores practiquen en un área segura antes de intentar aumentar la velocidad. Los conductores deben saber cuál es la velocidad segura para ellos y sus kartings. Conducir muy rápido puede generar condiciones inseguras.

Velocidad y **rapidez**

La velocidad se refiere a cuán rápido un objeto se está moviendo. La **rapidez** es la tasa en la que un objeto cambia de posición. La rapidez se mide en unidades de distancia y tiempo, tales como millas por hora.

Rapidez = Distancia ÷ Tiempo

Si un kárting viaja a 20 millas por hora y recorre 120 millas del circuito de una carrera, ¿cuánto tiempo corrió el conductor en el kárting?

120 millas

¡Chirrido!

   ¡Si los kartings van a andar tan rápido, también necesitan poder disminuir su velocidad! Por fortuna, los frenos son iguales en todos los kartings. Frenar es una buena manera de detener el kárting. Sin frenos los conductores deberían utilizar sus pies para detener el kárting ¡ay!

   La mayoría de los kartings poseen pedales de freno. Los conductores utilizan sus pies para presionar el pedal y detener el kárting. Algunos kartings poseen un **freno de mano**. Estos frenos se accionan levantando una **palanca**. Los frenos deberían permitirle al kárting detenerse de manera rápida y segura. Es necesario que funcionen bien en distintas superficies. Deben ser probados en condiciones húmedas y secas. Las pastillas de freno disminuyen la velocidad del vehículo ya que aplican presión y **fricción**. Una vez que las ruedas dejan de girar, el vehículo se detiene.

Las pastillas de freno de un kárting duran alrededor de 500 millas antes de necesitar ser cambiadas. Si has conducido 238 millas en un kárting, ¿cuántas millas más podrás conducir hasta que necesites cambiar las pastillas de freno?

¿Alguna vez has visto humo en los neumáticos? Esto se denomina *quemar ruedas*. Si los neumáticos están girando demasiado rápido como para agarrarse a la carretera, crean fricción. La fricción crea tanto calor que los neumáticos, en realidad, ¡comienzan a despedir humo!

¡MÁS EN PROFUNDIDAD!

Frenando

Los conductores de kárting desean conducir lo más rápido posible. ¡Así es como ganan la carrera! Pero, a veces, para estar seguros deben conducir más lento. Los oficiales de carrera utilizan banderas de distintos colores para comunicarse con los conductores. Estos cuadros muestran el significado de las banderas de colores.

Bandera negra

Un conductor debería dirigirse a los boxes de inmediato. Podría significar que él o ella ha sido descalificado/a.

Bandera azul

Esta bandera les indica a los conductores más lentos que dejen pasar a los kartings más rápidos.

Bandera con rayas amarillas y rojas

Advierte a los conductores que el circuito está resbaladizo.

La bandera a cuadros negros y blancos significa que el ganador ha cruzado la línea final y la carrera ha finalizado.

Bandera roja

Los conductores deben detener sus kartings e ir a los boxes. Las condiciones para la carrera son demasiado peligrosas.

Bandera amarilla

Los conductores deben bajar la velocidad. Existe algún riesgo en el circuito.

Bandera verde

Los conductores pueden comenzar la carrera. Las condiciones son seguras.

Banderas rápidas

En la carrera de kárting existen más banderas. Una bandera negra con un círculo rojo significa que un conductor está teniendo problemas mecánicos. Una bandera blanca y negra dividida por una línea diagonal significa que un conductor no está siguiendo las reglas. Pero la bandera que todos los conductores desean ver es la bandera a cuadros. ¡Eso significa que han ganado la carrera!

Manejo inteligente

Conducir un kárting significa no solo ir rápido y detenerse. Los conductores de kárting deben saber cómo manejar el mismo de manera segura. Esto los ayuda a evitar chocar contra otros objetos.

El volante hace que los neumáticos se muevan en la dirección correcta. Existen otras partes en el kárting que también ayudan a manejarlo. Algunas de estas partes son la **columna de dirección**, las **barras de acoplamiento** y los **ejes**. Estas partes funcionan juntas como parte del sistema de dirección.

Una importante destreza que cualquier conductor debe aprender es cómo doblar y conducir lenta y cuidadosamente. De repente, un giro brusco puede hacer volcar al kárting.

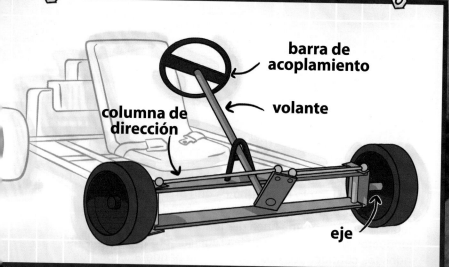

barra de acoplamiento

volante

columna de dirección

eje

¡MÁS EN PROFUNDIDAD!

Los 360 completos

Los conductores de kárting necesitan pensar sobre el **radio de giro** mientras conducen. El radio de giro es el tamaño de giro-U más pequeño que un vehículo puede realizar. El término se refiere tanto al **radio** como al **diámetro** de un círculo. Un kárting en movimiento alrededor de un circuito o camino con curva requiere de un pequeño radio de giro.

180 °

diámetro

La frase *turning on a dime* significa que el auto puede girar en un espacio muy pequeño. En otras palabras, el auto posee un radio de giro pequeño. La frase se refiere a un dime porque el dime es la moneda norteamericana más pequeña.

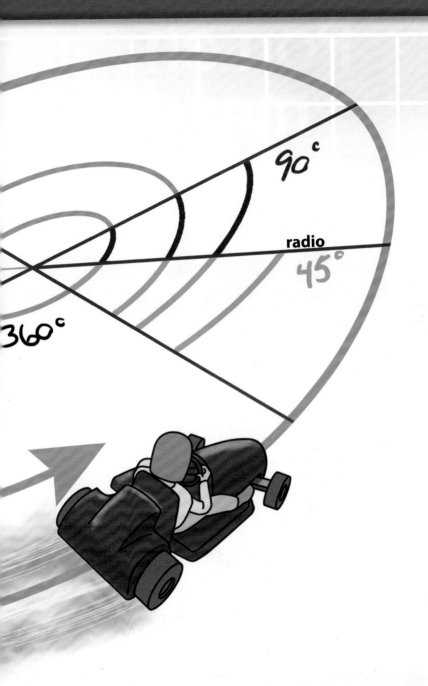

90°

radio

45°

360°

Pon en marcha tus motores

Muchos conductores de kárting se divierten simplemente conduciendo. Otros son mucho más serios al respecto. A estos conductores les atrae el deporte y la competición de kárting. Luego de aprender sobre kartings, correr una carrera es un próximo paso de diversión.

Las carreras de kárting se realizan en espacios cerrados o al aire libre. Los conductores corren sobre circuitos pavimentados. Ellos pueden practicar en el circuito entre cada competición. El conductor debe utilizar su buen juicio para correr una carrera. Aprenden **técnicas** de manejo para así poder ganar carreras rápida y **eficientemente**. Los corredores necesitan ser cautelosos al conducir tan cerca de otros kartings.

Tony Stewart

Tony Stewart es un conductor de *NASCAR*. *NASCAR* es la sigla de National Association for Stock Car Auto Racing. Con solo ocho años él ganó su primer campeonato de kárting. Años más tarde también ganó el Gran Campeonato Nacional de la Federación Internacional de Kárting en 1983 y el Campeonato Nacional de la Asociación Mundial de Kárting en 1987—¡todos antes de los 18 años!

Circuito con accidentes

Los kartings pueden **colisionar** durante una carrera. Los kartings corren muy cerca unos de otros. Pequeños movimientos pueden hacer que los kartings se crucen entre sí. Los conductores solo pueden correr dentro del área del recorrido delineado.

Cuanto más rápido un kárting corre, más seria puede ser la colisión. Toma más tiempo **desacelerar** de manera segura desde una alta velocidad. Esto ocurre en cualquier tipo de movimiento. A un corredor o ciclista también le toma más tiempo desacelerar desde una velocidad más rápida. Por esto conducir velozmente requiere un manejo cuidadoso.

En el año 2000 más de 12,000 niños sufrieron heridas en accidentes de kartings. Mediante el uso de cascos los conductores inteligentes evitan los accidentes y se protegen.

Arneses y cinturones

Los conductores deben usar un cinturón de seguridad al conducir kartings. Algunos kartings poseen un cinturón de regazo. Otros poseen un cinturón arnés que pasa por encima de los hombros del conductor.

Nada de juguete

Conducir un vehículo en movimiento es una gran responsabilidad. Las bicicletas y los scooters pueden andar a alta velocidad, pero un kárting puede andar aún más rápido. Conducir un kárting incluye serias reglas y cuestiones de seguridad.

El manejo seguro comienza por el uso de cinturones de seguridad. El número de personas en un kárting nunca debe ser superior al de los asientos y cinturones de seguridad disponibles. Esto generalmente significa una o dos personas en el kárting por vez. Los cinturones de seguridad nunca son una opción. Son **obligatorios** para todos los conductores de kárting y pasajeros. Protegen a los conductores evitando que estos sean despedidos en caso de accidente.

¡Los conductores de kartings deben divertirse! Para eso están los kartings, pero la diversión implica un uso responsable. Nunca es buena idea hacerse el tonto estando al volante de un vehículo en movimiento— alguien podría salir herido.

Seguridad del casco

Los cascos son esenciales para todos los conductores de kárting. Un casco puede proteger la cabeza de las piedras que salen despedidas de otros autos. También ayudará a mantener seguro a un conductor si un kárting vuelca en una colisión.

invernal

Algunos conductores guardan sus kartings en el invierno.
El clima frío puede hacer que sea muy difícil conducirlos.
Los conductores guardan sus kartings en un lugar seco.
Algunos realizan tareas de **mantenimiento** en el kárting
antes de guardarlos. De esa forma, ¡estarán listos para
partir cuando el clima se torne más cálido!

Controles de calidad

Otra forma de estar seguro en un kárting es estar al día con el mantenimiento y los controles de seguridad. Lo mismo sucede con un auto o, incluso, una bicicleta, los cuales requieren de puestas a punto periódicas. Todas las partes del kárting deben ser controladas para asegurarse de que nada se ha perdido, roto o deteriorado. Los neumáticos deben cambiarse cuando empiezan a mostrar signos de deterioro. Los neumáticos deben poseer la cantidad correcta de aire y ser rotados de vez en cuando. Esto ayuda a evitar que se gasten de un solo lado. Los conductores también deben controlar que la estructura del kárting no tenga rajaduras o abolladuras. Estas se pueden reparar para que la estructura continúe siendo segura. Cuando llega el momento de agregarle gasolina o revisar el motor, los conductores de kárting jóvenes siempre deben trabajar con un adulto.

La rotación de la posición de los neumáticos previene el desgaste desparejo.

Luego de una carrera el kárting necesita mantenimiento.

La comunidad del kárting

El kárting es una gran diversión. Es una fabulosa manera de formar parte de la comunidad del kárting. Muchas personas aman las carreras de kárting y les encanta conversar sobre ellas. Existen sitios Web en los que la gente comparte su fascinación por los kartings.

La gente también viaja para las carreras. Conocen a otros conductores de kárting. Se sienten conectados con la comunidad del kárting. ¡Y descubren nuevos lugares!

Salto inicial

Las carreras de kárting son vistas como un trampolín hacia formas más serias de **automovilismo**. Muchos corredores de autos profesionales comenzaron a interesarse por las carreras de autos al construir, conducir y correr en kárting cuando eran niños.

¡MÁS EN PROFUNDIDAD!

Carreras todo terreno

Las carreras de kartings están relacionadas con otros tipos de automovilismo. A muchos seguidores de las carreras de kárting también les gustan los vehículos todo terreno. Si estás listo para ensuciarte, échale un vistazo a estos paseos alocados.

Motocross

Pueden parecer motocicletas comunes pero estas son hechas para la aventura. Son lo suficientemente livianas y resistentes como para encargarse de un **terreno** escarpado. Muchas motocross no poseen asiento.

Autos de rally

El rally o las carreras de rally son populares en toda Europa. Estos autos especiales, denominados *autos de rally*, son manejados por expertos conductores. Generalmente corren en circuitos al aire libre sobre tierra, nieve, hielo o grava.

Camionetas gigantes

Los neumáticos extra grandes en estas enormes camionetas hacen una gran diferencia. Pueden pasar sobre rocas gigantes, dunas y ríos.

Areneros de duna

Los conductores manejan este tipo de vehículos en hermosos lugares alrededor del mundo. Ellos pueden andar sobre tierra, lodo o arena.

Baja 1000

La Baja 1000 es una popular carrera que se realiza todos los años. El circuito comienza en Ensenada, México. Su longitud es de 1,000 millas y continúa hacia el sur. Los conductores corren en vehículos todo terreno, tales como motocicletas, areneros y camionetas.

Se busca conductores

Es difícil imaginarse algo más excitante que correr una carrera de kárting alrededor de un circuito lleno de curvas. Sin embargo, construir un kárting puede ser tan estimulante como correr en uno. La mayoría de los kartings que viajan en la carretera fueron construidos a mano. El proceso de construcción es solo una parte de la diversión. Los seguidores del deporte establecen vínculos con sus amigos y familia al trabajar juntos. Elaboran un plan para crear un kárting seguro que se mueva rápido y responda bien. Los kartings actuales están preparados para todas las dificultades y curvas del circuito. Construir y correr en kárting es una manera divertida de emprender un viaje y salir zumbando. Quien esté en busca de una aventura debería apretar el acelerador a fondo y emprender el viaje.

Licencia para conducir

¿Eres joven para conducir un auto? Bueno, ¡quizás puedes conducir un kárting! Un kárting les permite a los jóvenes conducir un vehículo antes que la ley lo permite. Un kárting debería ser construido de manera acorde a la edad y experiencia de la persona que lo conducirá.

¡Vamos!

Aunque quizá no puedas construir tu propio kárting, sí puedes satisfacer tu necesidad de velocidad. Existen muchos circuitos en espacios cerrados. Puedes aprender a conducir un kárting en un ambiente seguro. Además, ¡puedes divertirte mucho con amigos y familia!

41

Glosario

acero: una forma de hierro dura, fuerte y duradera

ángulo: el espacio entre dos líneas en intersección

automovilismo: un deporte en el que los participantes corren una carrera en vehículos con motor, generalmente alrededor de un circuito

barras de acoplamiento: brazos metálicos que conectan la columna de dirección con los ejes

bosquejo: un plan o guía de cómo construir algo

colisionar: golpear a una persona u objeto

columna de dirección: la parte del sistema de dirección conectada al volante

desacelerar: disminuir la velocidad

diámetro: una línea recta desde un lado de un círculo hasta el otro a través del centro

eficientemente: hacer algo bien con mínima energía

ejes: la parte del sistema de dirección conectada a las ruedas

en intersección: encontrándose o cortando a través de, o de un lado a otro

estructura: un grupo de partes dispuestas para dar forma y soporte a algo

freno de mano: una palanca que puede ser levantada para detener un vehículo

fricción: el frotamiento de un objeto o superficie contra otra

gafas protectoras: gafas plásticas usadas para proteger los ojos

gravedad: la fuerza de atracción entre dos objetos que poseen masa

mantenimiento: trabajo de mantenimiento continuo

motor: una máquina que potencia al equipo

obligatorio: esencial; requerido

palanca: una manija larga que bajas o levantas para hacer que una máquina se detenga o arranque

radio: una línea recta desde el centro de un círculo hasta cualquier punto de su borde

radio de giro: el tamaño de giro-U más pequeño que un vehículo puede realizar

rapidez: la tasa en la que un objeto cambia de posición

técnicas: métodos o maneras de hacer algo

terreno: una porción de tierra; suelo

tracción: la fricción entre un objeto en movimiento y la superficie sobre la cual se está moviendo

Índice

accidentes, 31, 32

acero, 11

ángulo, 12

areneros, 6, 39

areneros de dunas, 39

asientos, 10–12, 32, 38

Australia, 6

automovilismo, 37, 38

autos de rally, 38

Baja 1000, 39

banderas, 22–23

barras de acoplamiento, 24

Bélgica, 10

billy carts, 6

bosquejo, 7, 12–13

camionetas gigantes, 39

Campeonato Nacional de la Asociación Mundial de Kárting, 29

Canadá, 10

carrera de rally, 38

casco, 31, 33

circuitos en espacios cerrados, 41

colisión, 30, 33

columna de dirección, 24

cronómetro, 9

diámetro, 26

ejes, 24

Ensenada, México, 39

estructura, 10–11, 13–14, 35

freno de mano, 20

frenos, 11, 20–22

gasolina, 16, 17

Gran Campeonato Nacional de la Federación Internacional de Kárting, 29

guantes, 14

herramientas, 12, 14

herramientas eléctricas, 14

Ingels, Art, 4

invierno, 34

Italia, 10

kartings de empuje, 5

madera, 11, 14

mantenimiento, 34–35

martillo, 14

McCulloch, 10

motor, 4–5, 10–11, 16, 35

motocross, 38

NASCAR, 29

neumático, 11, 17, 21, 24, 35, 39

perímetro, 13

quemar ruedas, 21

radio, 26–27

radio de giro, 26

rapidez, 19

ruedas, 5, 8–9, 11–12, 16, 20

seguridad, 5, 12, 18, 32–33, 35

soapbox racers, 6

Stewart, Tony, 29

superkartings, 18

tanque de gasolina, 17

tracción, 17

vehículos todo terreno, 38–39

velocidad, 16, 18, 19, 30, 32, 41

volante, 11, 12, 24, 32

Bibliografía

Blomquist, Christopher. *Motocross in the X Games.*
PowerKids Press, 2003.

Este libro contiene información sobre el deporte de motociclismo todo terreno denominado *motocross* y cómo los motociclistas compiten en este deporte durante los *X Games.*

Bridgewater, Gill and Julian Bridgewater. *The Soapbox Bible: How to Build Your Own Soapbox, Buggy, or Go-Cart.* **Sterling Publishing Co., Inc., 2010.**

Este libro contiene planes y bosquejos para crear una variedad de distintos kartings, tales como soapboxes, areneros o kartings. El grado de dificultad va desde el armado con componentes ya listos hasta la construcción del vehículo en su totalidad desde el principio.

David, Jack. *Go-kart Racing.* **Children's Press, 2008.**

Aprende sobre el excitante deporte del kárting, incluyendo su historia, tecnología y los diferentes tipos de competiciones en las que participan los kartings.

Gidley, Memo and Jeff Grist. *Karting: Everything You Need to Know.* **Motorbooks, 2006.**

Con consejos sobre mantenimiento, equipamiento de seguridad y los elementos básicos de cómo empezar, este libro incluye todo lo que necesitas para probar el kárting.

Spalding, Lee-Anne T. *Go-Kart Racing.* **Rourke Publishing, 2008.**

Aprende todo sobre la emoción de las carreras de kárting en este libro, escrito para niños desde 7 años. Las coloridas fotografías le dan vida a este libro.

Más para explorar

All-American Soap Box Derby

http://www.aasbd.org

Conoce el *All-American Soap Box Derby*, organizado todos los años en Ohio, EE.UU. Jóvenes conductores de distintas partes de los Estados Unidos compiten para ver quién es el mejor.

Kart Building

http://www.kartbuilding.net

Este sitio web es un gran recurso para aquellas personas que quieren construir un kárting. Contiene planos ilustrados y fotográficos, incluidos los kartings de madera y kartings todo terreno.

Do It Yourself

http://www.doityourself.com/stry/how-to-make-a-go-kart

Este sitio web contiene información simple sobre cómo construir un kárting de madera. Recuerda: si deseas construir tú mismo un kárting, ¡necesitas de la ayuda de tus padres o un adulto!

Teacher Tube

http://teachertube.com

Teachertube.com es un sitio web seguro para tus maestros para ver videos que pueden utilizar en tus clases. Aquí encontrarás videos seguros y fascinantes sobre kartings.

Acerca de la autora

Christine Dugan se graduó en la Universidad de California, San Diego. Fue maestra de escuela primaria durante varios años antes de tomar la decisión de aceptar un desafío diferente en el ámbito de la educación. Ha trabajado como desarrolladora de producto, escritora, editora y asistente de ventas para varias editoriales educativas. En los últimos años Christine obtuvo una maestría en educación y actualmente trabaja como autora y editora independiente. Vive con su marido y sus dos hijas en la costa noroeste del Pacífico, donde le apasiona ir de paseo, ¡de manera segura, por supuesto!